AF188813

Impressum
Verlag: BABADADA GmbH, Nedderfeld 112 , 22529 Hamburg
Geschäftsführer / Verlagsleitung: Harald Hof
Druck: Books on Demand GmbH, In de Tarpen 42, 22848 Norderstedt

Imprint
Publisher: BABADADA GmbH, Nedderfeld 112 , 22529 Hamburg, Germany
Managing Director / Publishing direction: Harald Hof
Print: Books on Demand GmbH, In de Tarpen 42, 22848 Norderstedt, Germany

škola
iskola

trieda
osztályterem

deliť
oszt

186/2

tabuľa
asztal

školský dvor
iskolaudvar

učiteľ
tanár

papier
papír

písať
írni

pero
toll

písací stôl
íróasztal

pravítko
vonalzó

kniha
könyv

žiak
tanuló

školská taška
iskolatáska

peračník
tolltartó

ceruza
ceruza

strúhadlo na ceruzky
ceruzahegyező

guma
radír

skicár
rajzfüzet

kresba

rajz

štetec

ecset

vodové farby

festőkészlet

nožnice

olló

lepidlo

ragasztó

cvičný zošit

munkafüzet

domáca úloha

házi feladat

12

číslo

szám

2+2

sčítať

összead

5-2

odčítať

kivon

2×2

násobiť

szoroz

počítať

számol

A

písmeno

betű

ABCDEFG
HIJKLMN
OPQRSTU
VWXYZ

abeceda

ABC

slovo

szó

text
....
szöveg

čítať
....
olvasni

krieda
....
kréta

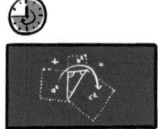

hodina
....
tanóra

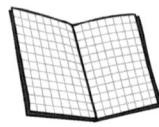

triedna kniha
....
napló

skúška
....
vizsga

certifikát
....
bizonyítvány

školská uniforma
....
iskolai egyenruha

vzdelanie
....
oktatás

encyklopédia
....
enciklopédia

univerzita
....
egyetem

mikroskop
....
mikroszkóp

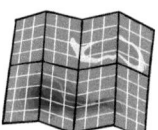

mapa
....
térkép

kôš na papier
....
papír-hulladék gyűjtő

hotel
hotel

Grand

nocľaháreň
szállás

ROOMS

zmenáreň
valutaváltó iroda

EXCHANGE

kufor
bőrönd

auto
autó

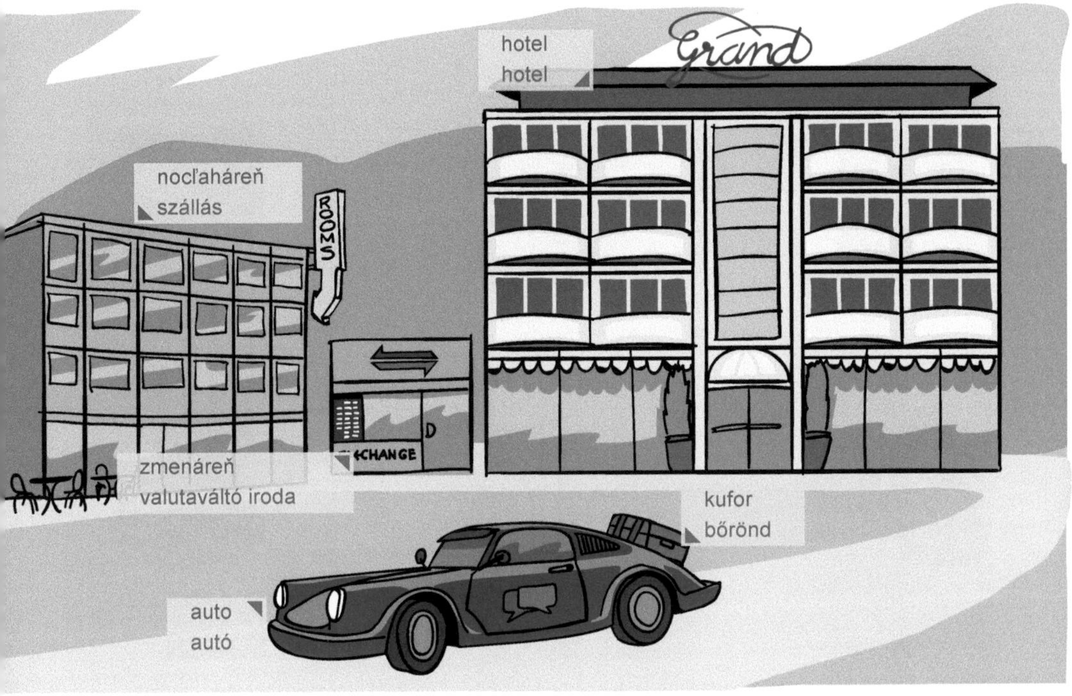

jazyk
nyelv

áno/nie
igen/nem

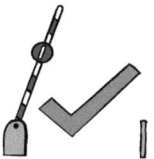

v poriadku
rendben

ahoj
szia

prekladateľ
fordító

ďakujem
köszönöm

Koľko stojí ... ?

mennyibe kerül...?

Nerozumiem

nem értem

problém

probléma

Dobrý večer!

Jó estét!

Dobré ráno!

jó reggelt!

Dobrú noc!

jó éjszakát!

Dovidenia

viszontlátásra

smer

útirány

batožina

poggyász

taška

táska

batoh

hátizsák

hosť

vendég

izba

szoba

spacák

hálózsák

stan

sátor

informácie pre turistov

turista információ

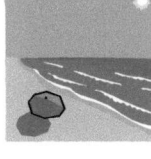

pláž

strand

kreditná karta

hitelkártya

raňajky

reggeli

obed

ebéd

večera

vacsora

cestovný lístok

jegy

výťah

lift

poštová známka

bélyeg

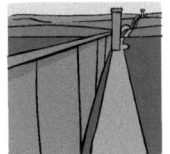

hranica

határ

clo

vám

veľvyslanectvo

nagykövetség

vízum

vízum

cestovný pas

útlevél

doprava
közlekedés

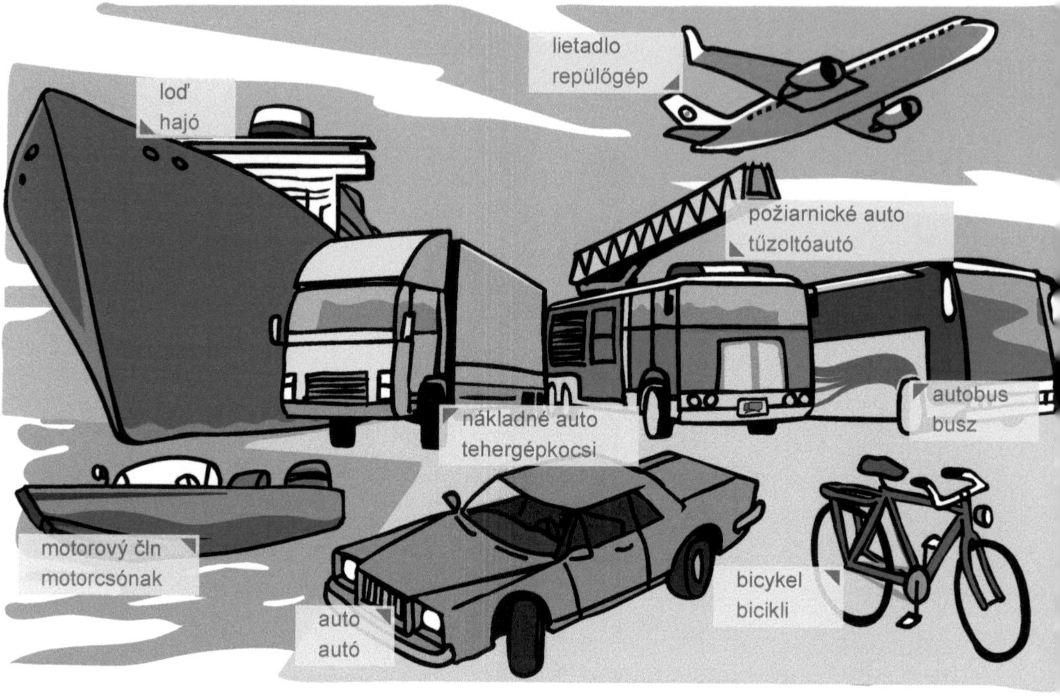
lietadlo
repülőgép
loď
hajó
požiarnické auto
tűzoltóautó
autobus
busz
nákladné auto
tehergépkocsi
motorový čln
motorcsónak
bicykel
bicikli
auto
autó

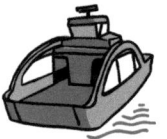

trajekt
komp

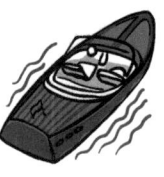

loď
csónak

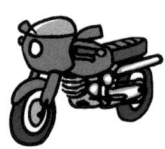

motorka
motorkerékpár

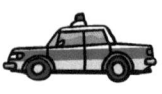

policajné auto
rendőrautó

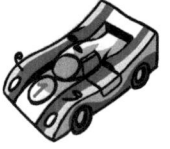

pretekárske auto
versenyautó

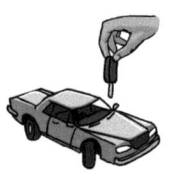

vozidlo z požičovne
bérautó

carsharing

telekocsi

odťahové auto

vontató

smetiarske auto

szemetes autó

motor

motor

benzín

üzemanyag

čerpacia stanica

benzinkút

dopravná značka

közlekedési tábla

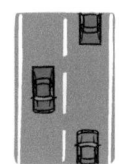

premávka

forgalom

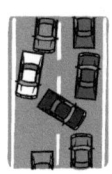

zápcha

forgalmi dugó

parkovisko

parkoló

vlaková stanica

vonatállomás

trate

sínek

vlak

vonat

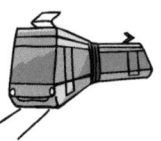

električka

villamos

vagón

vagon

helikoptéra

helikopter

letisko

repülőtér

veža

torony

pasažier

utas

kontajner

konténer

kartón

kartondoboz

vozík

taliga

kôš

kosár

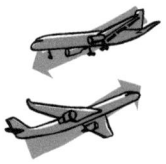

štartovať / pristáť

felszáll / leszáll

mesto

város

dedina

falu

centrum mesta

városközpont

dom

ház

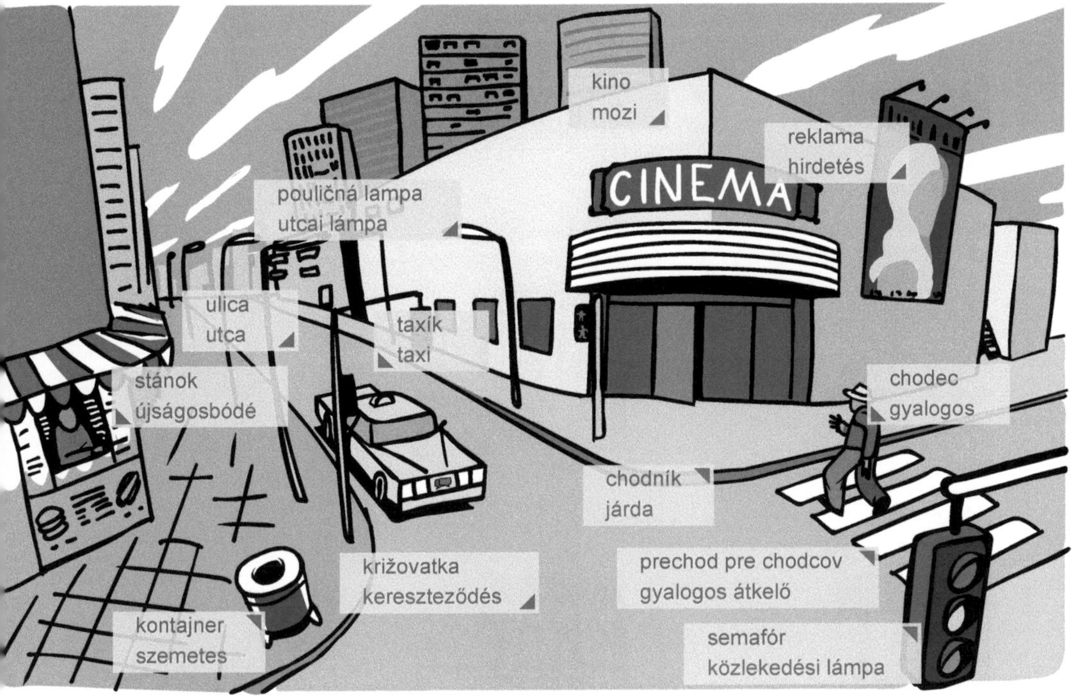

kino
mozi

reklama
hirdetés

pouličná lampa
utcai lámpa

CINEMA

ulica
utca

taxík
taxi

chodec
gyalogos

stánok
újságosbódé

chodník
járda

križovatka
kereszteződés

prechod pre chodcov
gyalogos átkelő

kontajner
szemetes

semafór
közlekedési lámpa

chata
kunyhó

byt
lakás

vlaková stanica
vonatállomás

radnica
városháza

múzeum
múzeum

škola
iskola

univerzita

egyetem

banka

bank

nemocnica

kórház

hotel

hotel

lekáreň

gyógyszertár

kancelária

iroda

kníhkupectvo

könyvesbolt

obchod

üzlet

kvetinárstvo

virágüzlet

supermarket

szupermarket

trh

piac

obchodný dom

áruház

obchodník s rybami

halárus

nákupné stredisko

bevásárló központ

prístav

kikötő

park
park

lavička
pad

most
híd

schody
lépcső

metro
metró

tunel
alagút

autobusová zastávka
buszmegálló

bar
bár

reštaurácia
étterem

poštová schránka
postaláda

tabuľa s názvom ulice
utcatábla

parkovacie hodiny
parkoló óra

ZOO
állatkert

plaváreň
uszoda

mešita
mecset

farma
....
gazdálkodás

znečisťovanie životného
prostredia
....
környezetszennyezés

cintorín
....
temető

kostol
....
templom

ihrisko
....
játszótér

chrám
....
szentély

terén
táj

list
levél

smerová tabuľa
útjelző tábla

cesta
út

lúka
rét

kameň
kő

strom
fa

turista
túrázó

rieka
folyó

tráva
fű

kvet
virág

dolina
völgy

kopec
domb

jazero
tó

les
erdő

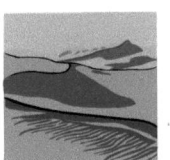

púšť
sivatag

vulkán
vulkán

zámok
kastély

dúha
szivárvány

hríb
gomba

palma
pálmafa

komár
szúnyog

mucha
légy

mravec
hangya

včela
méhecske

pavúk
pók

chrobák
bogár

žaba
béka

veverička
mókus

jež
sündisznó

zajac
nyúl

sova
bagoly

vták
madár

labuť
hattyú

diviak
vaddisznó

jeleň
szarvas

los
rénszarvas

hrádza
gát

veterná turbína
szélturbina

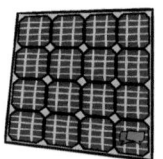

solárny panel
napelem

podnebie
éghajlat

reštaurácia
étterem

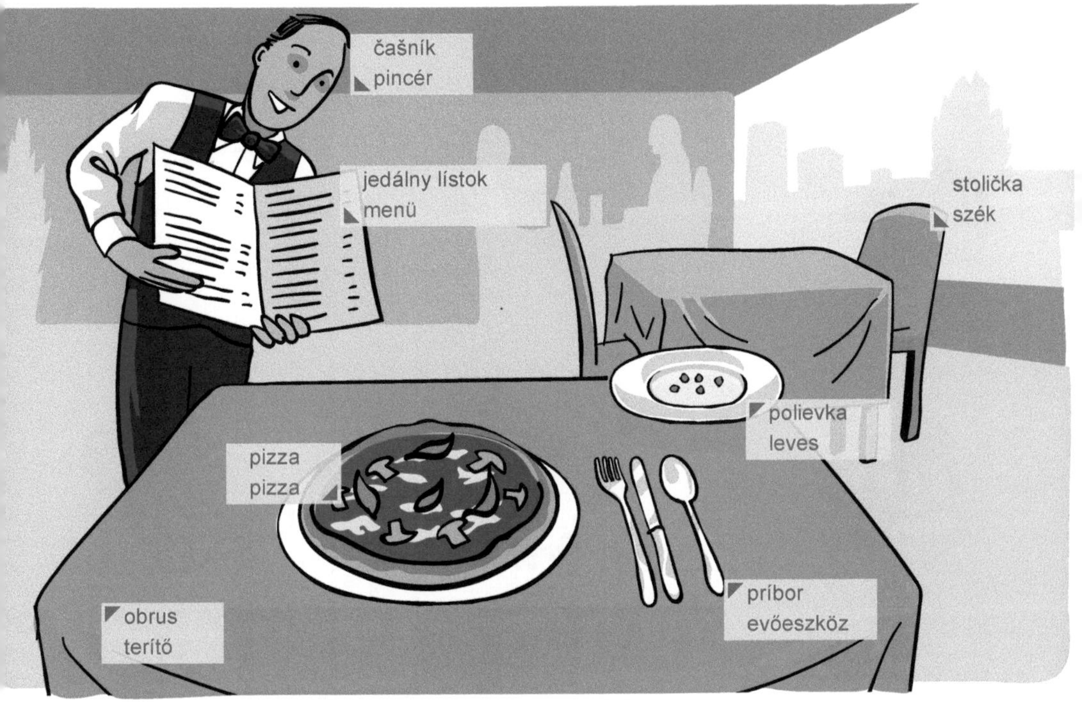
čašník
pincér
jedálny lístok
menü
stolička
szék
polievka
leves
pizza
pizza
príbor
evőeszköz
obrus
terítő

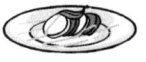

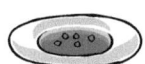

predjedlo

előétel

hlavné jedlo

főétel

zákusok

desszert

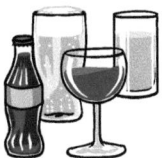

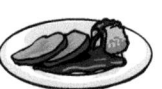

nápoje

italok

jedlo

étel

fľaša

üveg

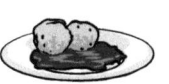

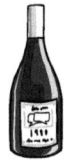

fast-food

gyorsétel

street food

gyorsétel

kanvica na čaj

teás kanna

cukornička

cukortartó

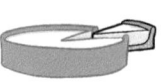

porcia

adag

stroj na espresso

eszpresszógép

detská stolička

bárszék

účet

számla

podnos

tálca

nôž

kés

vidlička

villa

lyžica

kanál

čajová lyžička

teáskanál

obrúsok

szalvéta

pohár

pohár

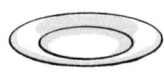

tanier

tányér

hlboký tanier

leveses tányér

podšálka

csészealj

omáčka

szósz

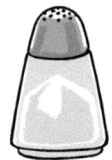

soľnička

sószóró

mlynček na korenie

borsőrlő

ocot

ecet

olej

étkezési olaj

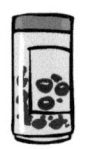

korenie

fűszerek

kečup

ketchup

horčica

mustár

majonéza

majonéz

supermarket
szupermarket

špeciálna ponuka
különleges ajánlat
klient
ügyfél
FOR
mliečne výrobky
tejtermék
ovocie
gyümölcsök
nákupný vozík
bevásárló kocsi

BUTCHERS

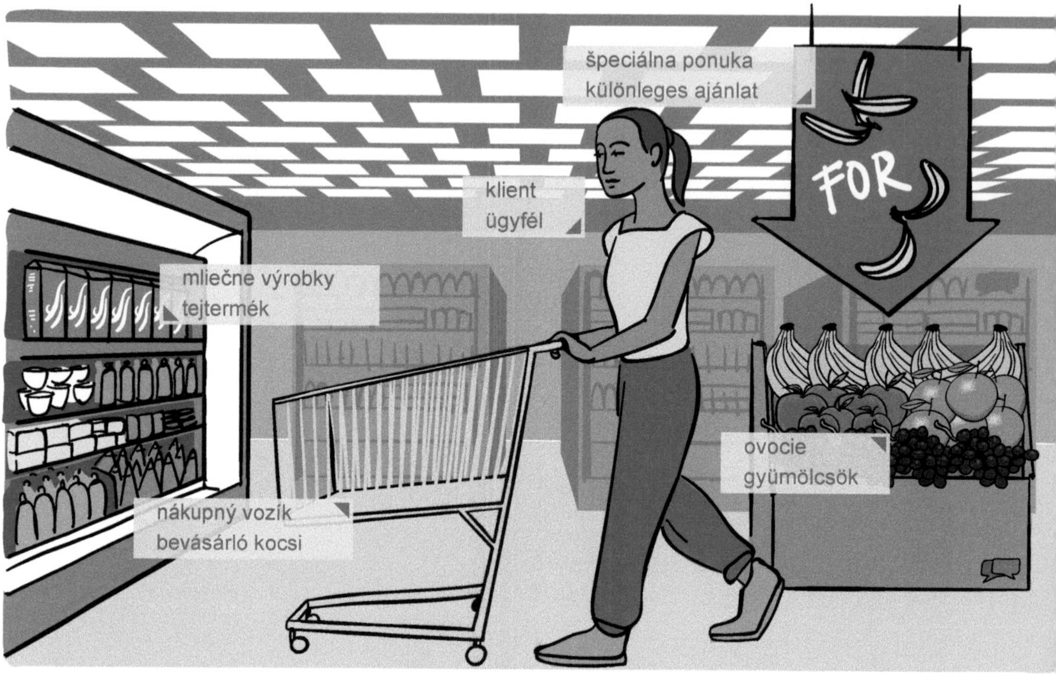

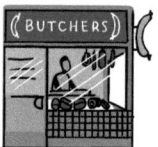

mäsiarstvo

hentes

BAKERY

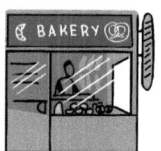

pekáreň

pékség

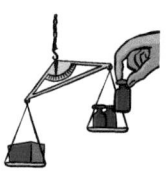

vážiť

nyom valamennyit

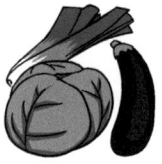

zelenina

zöldség

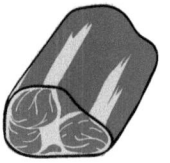

mäso

hús

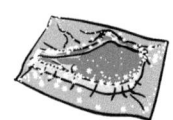

mrazené potraviny

fagyasztott áru

nárez

felvágott

konzervy

konzerv

prací prostriedok

mosópor

sladkosti

édességek

domáce potreby

háztartási termék

čistiace prostriedky

tisztítószerek

predavačka

eladó

pokladňa

pénztárgép

pokladník

eladó

nákupný zoznam

bevásárló lista

otváracie hodiny

nyitva tartás

peňaženka

levéltárca

kreditná karta

hitelkártya

taška

zacskó

plastové vrecko

műanyag zacskó

voda

víz

džús

gyümölcslé

mlieko

tej

kola

kóla

víno

bor

pivo

sör

alkohol

alkohol

kakao

kakaó

čaj

tea

káva

kávé

espresso

eszpresszó

kapučíno

kapucsínó

banán
banán

jablko
alma

pomaranč
narancs

melón
sárgadinnye

citrón
citrom

mrkva
sárgarépa

cesnak
fokhagyma

bambus
bambusz

cibuľa
hagyma

hríb
gomba

orechy
magvak

rezance
nokedli

špagety

spagetti

ryža

rizs

šalát

saláta

hranolky

sült krumpli

pečené zemiaky

sült burgonya

pizza

pizza

hamburger

hamburger

obložený chlebík

szendvics

rezeň

hússzelet

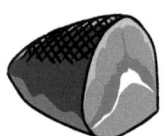

šunka

sonka

saláma

szalámi

klobása

kolbász

kurča

csirke

pečené mäso

pecsenye

ryba

hal

ovsené vločky

zabkása

müsli

müzli

kukuričné lupienky

kukoricapehely

múka

liszt

croissant

croissant

pečivo

zsemle

chlieb

kenyér

hrianka

pirítós kenyér

sušienky

keksz

maslo

vaj

tvaroh

túró

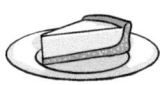

koláč

sütemény

vajce

tojás

volské oko

tükörtojás

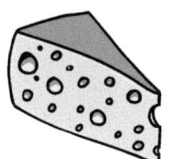

syr

sajt

zmrzlina
jégkrém

cukor
cukor

med
méz

lekvár
lekvár

nugátová nátierka
mogyorókrém

karí korenie
curry

farma
gazdálkodás

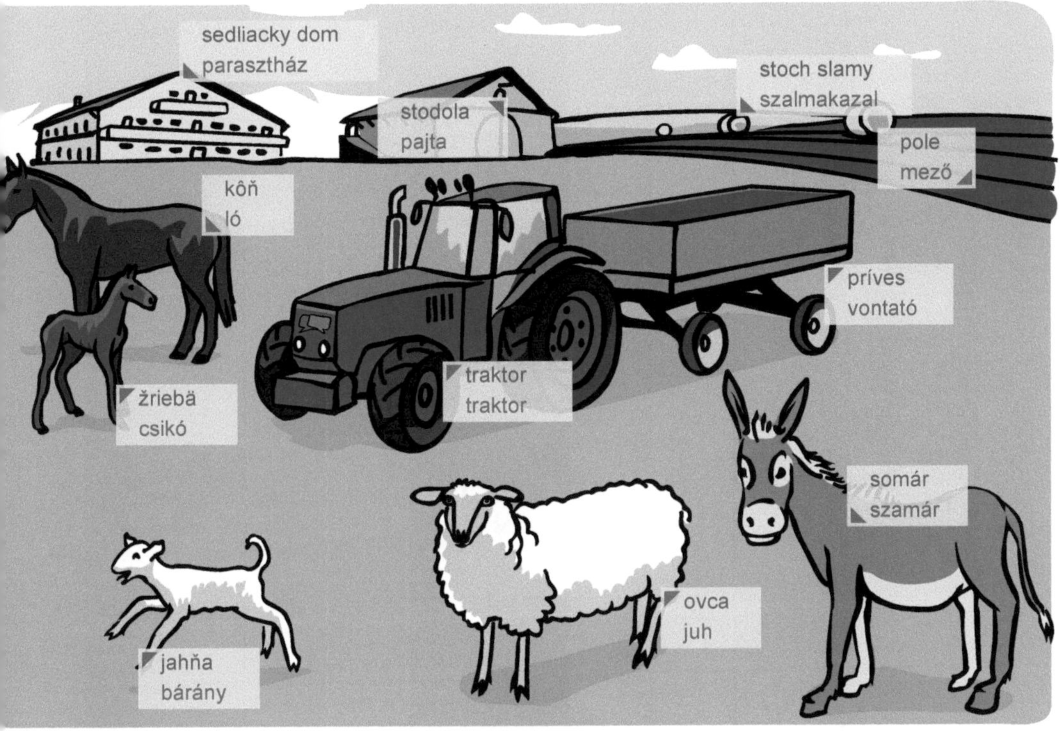

sedliacky dom
parasztház
stodola
pajta
stoch slamy
szalmakazal
pole
mező
kôň
ló
príves
vontató
žriebä
csikó
traktor
traktor
somár
szamár
ovca
juh
jahňa
bárány

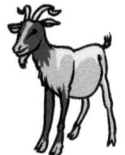

koza
kecske

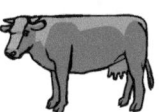

krava
tehén

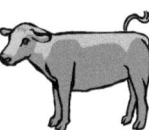

teľa
borjú

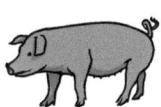

prasa
malac

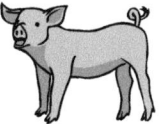

prasiatko
kismalac

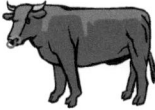

býk
bika

hus
liba

kačica
kacsa

kuriatko
csibe

sliepka
tojó

kohút
kakas

potkan
patkány

mačka
macska

myš
egér

vôl
ökör

pes
kutya

psia búda
kutyaház

záhradná hadica
kerti öntözőcső

krhla
öntözőkanna

kosa
kasza

pluh
eke

kosák

sarló

motyka

kapa

vidly na hnoj

vasvilla

sekera

fejsze

fúrik

talicska

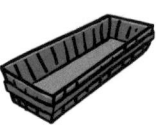

koryto

teknő

kanva na mlieko

tejes kancsó

vrece

zsák

plot

kerítés

maštaľ

istálló

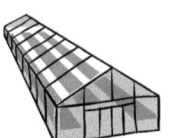

skleník

üvegház

pôda

talaj

osivo

vetőmag

hnojivo

trágya

kombajn

cséplőgép

žať
szüretelni

žatva
betakarítás

batát
yamgyökér

pšenica
búza

sója
szója

zemiak
burgonya

kukurica
kukorica

repka
repcemag

ovocný strom
gyümölcsfa

maniok
manióka

obilie
gabona

komín
kémény

strecha
tető

dažďový odkvap
eresz

okno
ablak

garáž
garázs

zvonček
ajtócsengő

dvere
ajtó

odpadkový kôš
szemetes

poštová schránka
postaláda

záhrada
kert

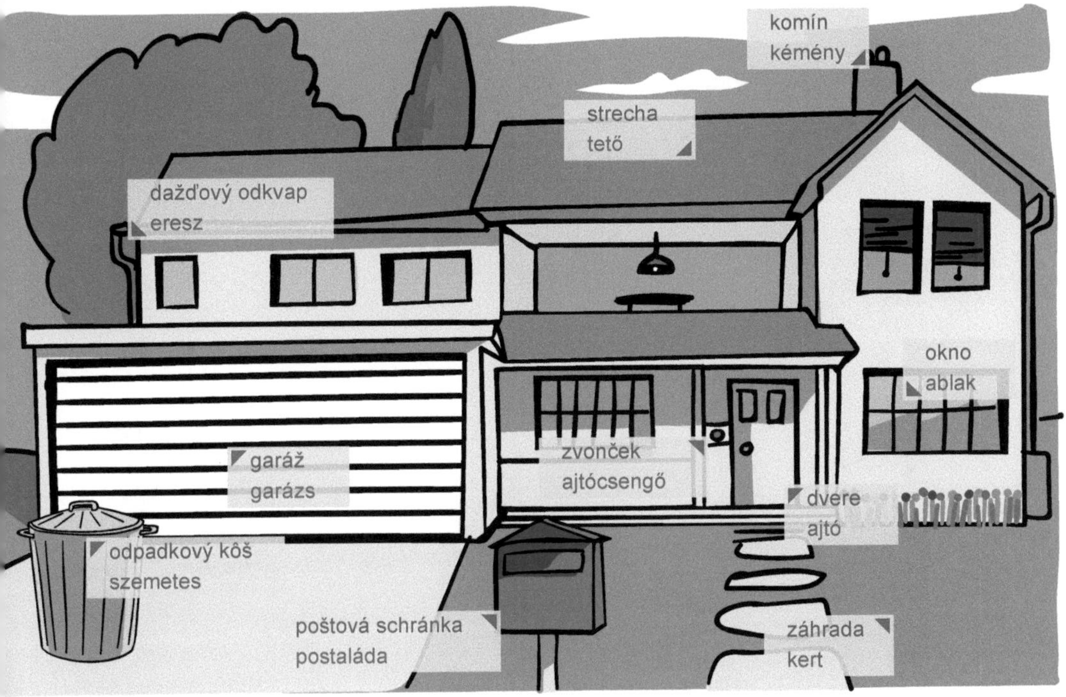

obývačka

nappali

kúpeľňa

fürdőszoba

kuchyňa

konyha

spálňa

hálószoba

detská izba

gyerekszoba

jedáleň

ebédlő

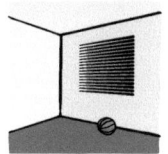

podlaha

padló

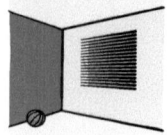

stena

fal

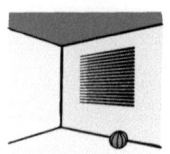

strop

plafon

pivnica

pince

sauna

szauna

balkón

erkély

terasa

terasz

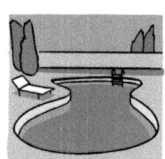

bazén

medence

kosačka

fűnyíró

obliečka

lepedő

posteľná prikrývka

ágytakaró

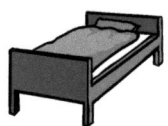

posteľ

ágy

metla

seprű

vedro

vödör

vypínač

kapcsoló

obývačka

nappali

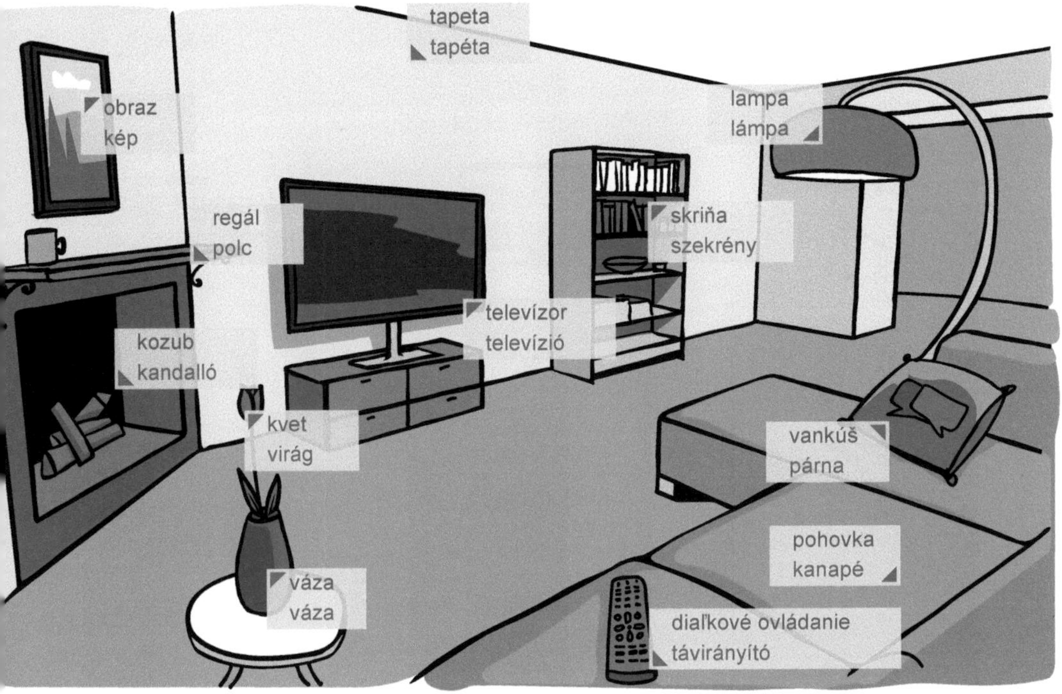

tapeta
tapéta
obraz
kép
lampa
lámpa
regál
polc
skriňa
szekrény
televízor
televízió
kozub
kandalló
kvet
virág
vankúš
párna
pohovka
kanapé
váza
váza
diaľkové ovládanie
távirányító

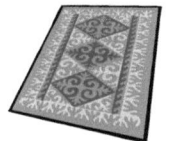

koberec

szőnyeg

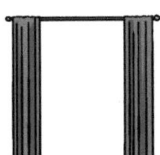

záclona

függöny

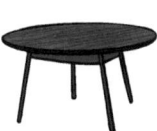

stôl

asztal

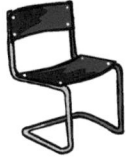

stolička

szék

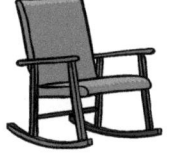

hojdacie kreslo

hintaszék

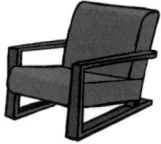

kreslo

karosszék

kniha

könyv

prikrývka

takaró

dekorácia

dekoráció

drevo na kúrenie

tűzifa

film

film

hi-fi veža

hifi

kľúč

kulcs

noviny

újság

maľba

festmény

plagát

poszter

rádio

rádió

zápisník

jegyzetfüzet

vysávač

porszívó

kaktus

kaktusz

sviečka

gyertya

kuchyňa
konyha

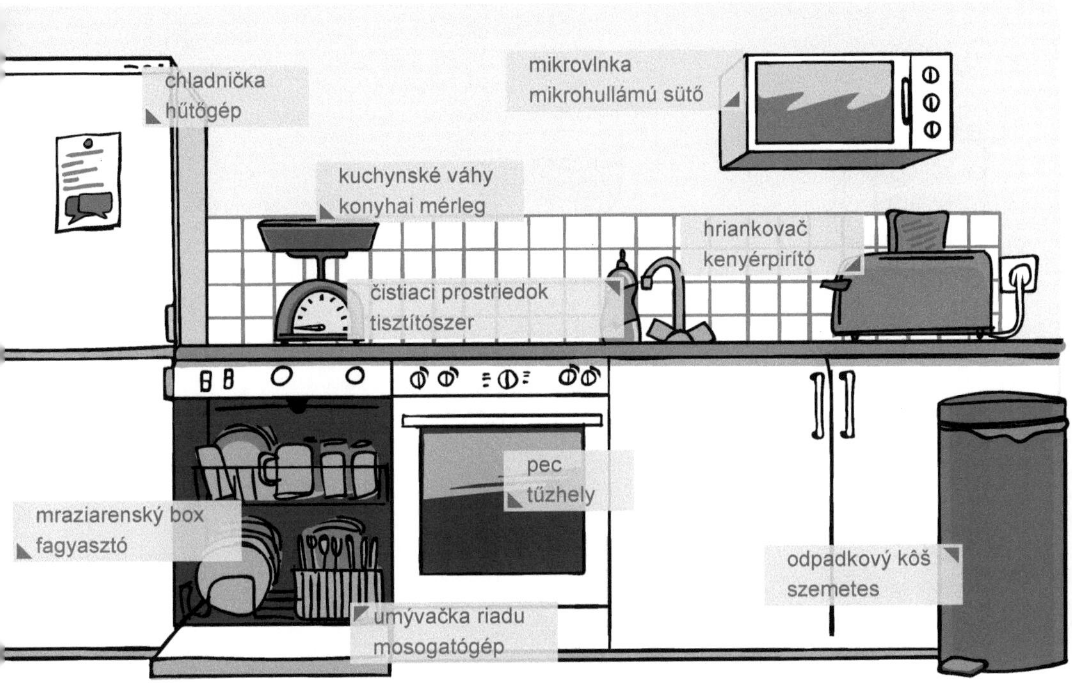
chladnička
hűtőgép
mikrovlnka
mikrohullámú sütő
kuchynské váhy
konyhai mérleg
hriankovač
kenyérpirító
čistiaci prostriedok
tisztítószer
pec
tűzhely
mraziarenský box
fagyasztó
odpadkový kôš
szemetes
umývačka riadu
mosogatógép

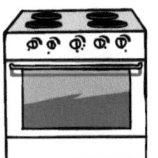

sporák
....
tűzhely

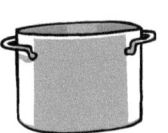

hrniec
....
edény

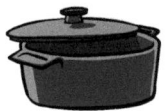

železný hrniec
....
vasfazék

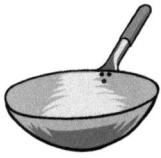

wok / kadai
....
wok / kadai

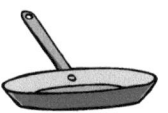

panvica
....
serpenyő

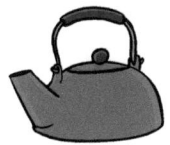

rýchlovarná kanvica
....
vízforraló

parný hrniec

pároló

plech na pečenie

tepsi

riad

étkészlet

pohár

bögre

misa

tálka

paličky

evőpálcika

naberačka na polievku

merőkanál

stierka

keverőlapátka

metlička

habverő

cedidlo

szűrő

sitko

szita

strúhadlo

reszelő

mažiar

mozsár

gril

grillsütő

ohnisko

kandalló

kuchyňa - konyha

doska na krájanie

vágódeszka

valček na cesto

sodrófa

vývrtka

dugóhúzó

konzerva

doboz

otvárač na konzervy

konzervnyitó

chňapka

edényfogó

výlevka

mosogató

kefa

kefe

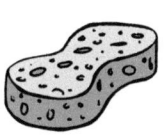

hubka

szivacs

mixér

turmixgép

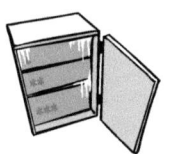

mraznička

mélyhűtő

kojenecká fľaša

cumisüveg

vodovodný kohútik

csap

kúpeľňa
fürdőszoba

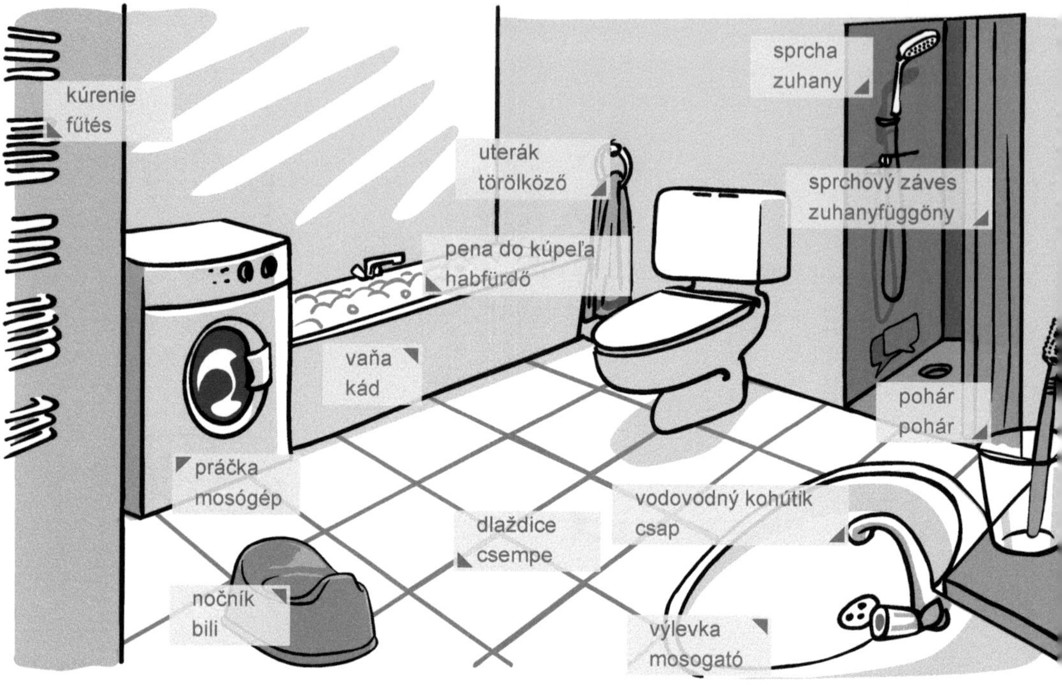

sprcha
zuhany

kúrenie
fűtés

uterák
törölköző

sprchový záves
zuhanyfüggöny

pena do kúpeľa
habfürdő

vaňa
kád

pohár
pohár

práčka
mosógép

vodovodný kohútik
csap

dlaždice
csempe

nočník
bili

výlevka
mosogató

záchod

....

toalett

suchý záchod

....

guggolós toalett

bidet

....

bidé

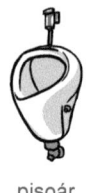

pisoár

....

piszoár

toaletný papier

....

toalett papír

záchodová kefa

....

wc kefe

zubná kefka

fogkefe

zubná pasta

fogkrém

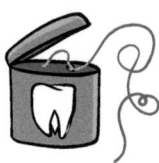

dentálna niť

fogselyem

umývať

mosni

ručná sprcha

kézi zuhany

sprcha pre intímnu hygienu

intimzuhany

umývadlo

mosdótál

kefa na chrbát

hátmosó kefe

mydlo

szappan

sprchový gél

tusfürdő

šampón

sampon

frotírová rukavica

mosdókesztyű

odtok

lefolyó

krém

krém

dezodorant

dezodor

zrkadlo

tükör

kozmetické zrkadlo

kézitükör

žiletka

borotva

pena na holenie

borotvahab

voda po holení

borotválkozás utáni
arcszesz

hrebeň

fésű

kefa

hajkefe

sušič vlasov

hajszárító

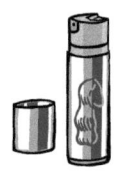

sprej na vlasy

hajlakk

make-up

smink

rúž

ajakrúzs

lak na nechty

körömlakk

vata

vatta

nožnice na nechty

körömvágó olló

parfum

parfüm

kozmetická taška

neszesszer

stolček

sámli

váha

mérleg

kúpací plášť

köntös

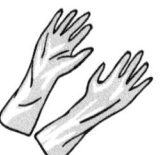

gumové rukavice

gumikesztyű

tampón

tampon

menštruačná vložka

egészségügyi betét

chemické WC

vegyi WC

detská izba
gyerekszoba

budík
ébresztő óra
plyšová hračka
plüssállat
hračkárske auto
játékautó
hrkálka
csörgő
domček pre bábiky
babaház
dar
ajándék

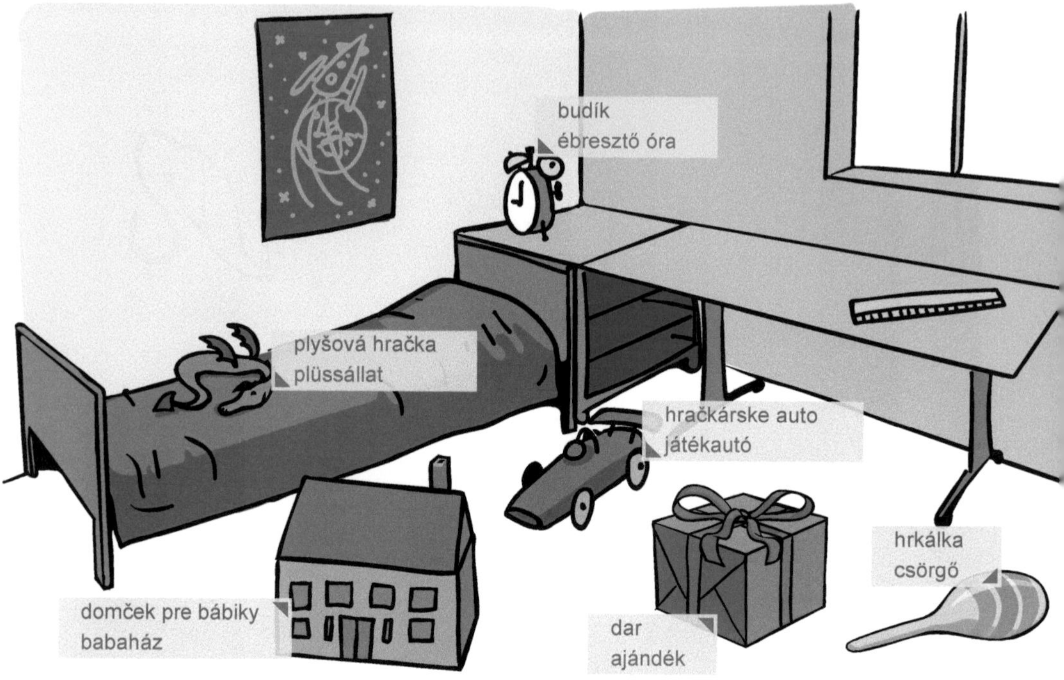

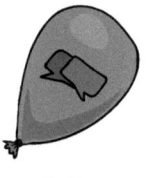

balón
lufi

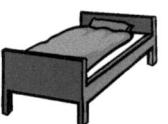

posteľ
ágy

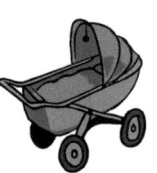

detský kočík
babakocsi

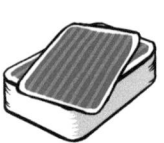

karty
kártyapakli

puzzle
kirakós játék

SUPER
MEGA

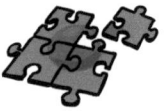

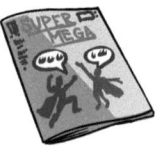

komix
képregény

skladačka lego
építőkockák

stavebnica
építőelem

akčná postavička
szuperhős

dupačky
rugdalózó

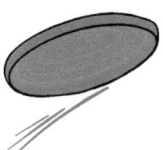

lietajúci tanier
frizbi

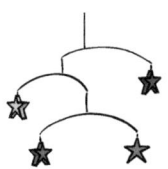

závesné hračky
zenélő forgó

stolová hra
társasjáték

kocka
kocka

modelový vláčik
modellvasút

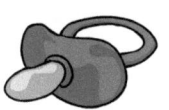

cumlík
cumi

párty
zsúr

obrázková kniha
képeskönyv

lopta
labda

bábika
baba

hrať sa
játszani

pieskovisko

homokozó

hojdačka

hinta

hračky

játékok

hracia konzola

videójáték konzol

trojkolka

tricikli

medvedík

teddi maci

šatník

ruhásszekrény

šatstvo

ruházat

ponožky

zokni

pančuchy

harisnya

pančuchové nohavičky

harisnyanadrág

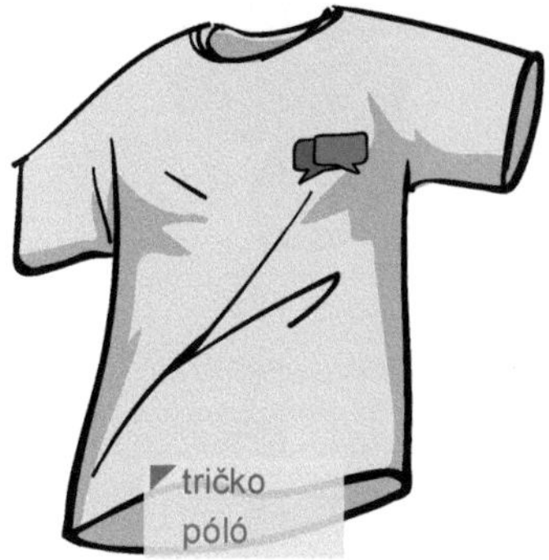

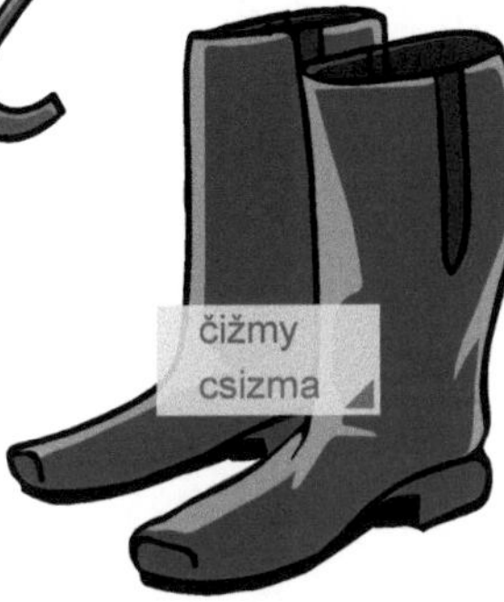

šál
sál

opasok
öv

dáždnik
esernyő

tričko
póló

tenisky
tornacipő

čižmy
csizma

papuče
papucs

sandále
....
szandál

topánky
....
cipő

gumáky
....
gumicsizma

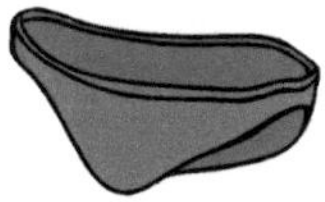

spodky
....
alsónadrág

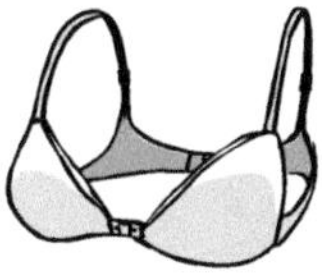

podprsenka
....
melltartó

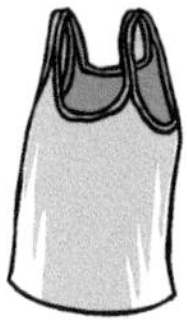

tielko
....
mellény

body

body

nohavice

nadrág

džínsy

farmer

sukňa

szoknya

blúzka

blúz

košeľa

ing

pulóver

pulóver

sveter

kapucnis pulóver

blejzer

blézer

bunda

dzseki

kabát

kabát

pršiplášť

esőkabát

kostým

kosztüm

šaty

ruha

svadobné šaty

esküvői ruha

oblek

öltöny

nočná košeľa

hálóing

pyžamo

pizsama

sari

szári

šatka na hlavu

fejkendő

turban

turbán

burka

burka

kaftan

kaftán

abaja

abaya

dvojdielne plavky

fürdőruha

plavky

fürdőnadrág

šortky

rövidnadrág

teplákova súprava

tréningruha

zástera

kötény

rukavice

kesztyű

gombík

gomb

okuliare

szemüveg

náramok

karkötő

retiazka

nyaklánc

prsteň

gyűrű

náušnica

fülbevaló

čiapka

sapka

vešiak

vállfa

klobúk

kalap

kravata

nyakkendő

zips

cipzár

prilba

bukósisak

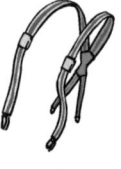

traky

nadrágtartó

školská uniforma

iskolai egyenruha

uniforma

egyenruha

podbradník

előke

cumlík

cumi

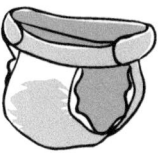

plienka

pelenka

kancelária
iroda

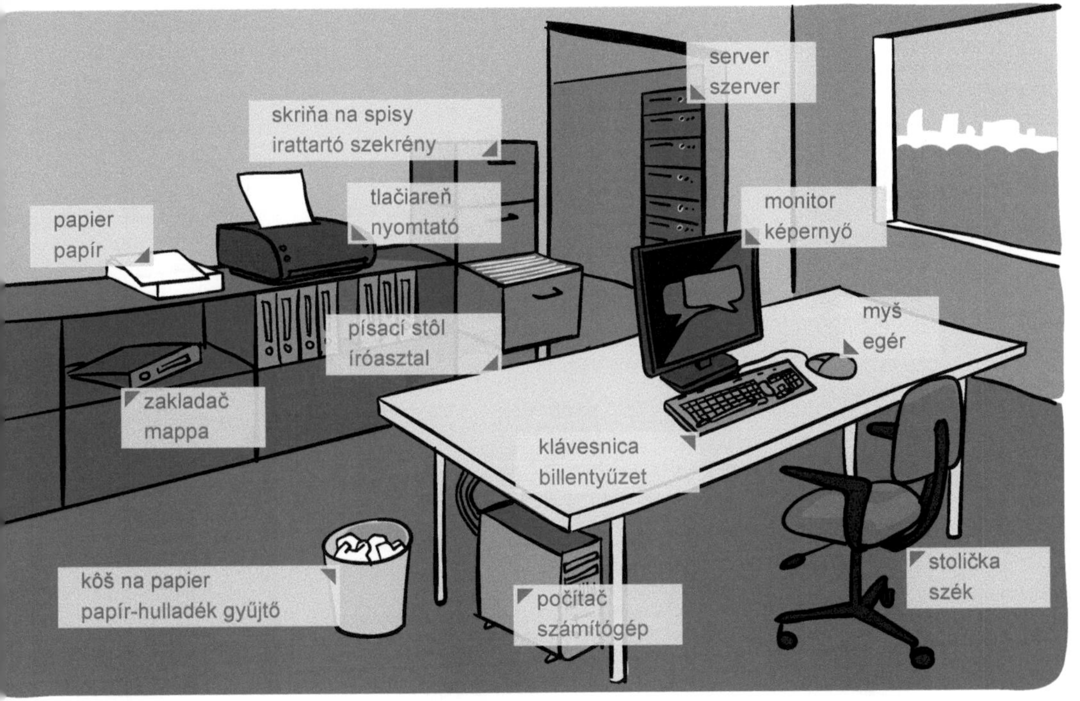

server
szerver

skriňa na spisy
irattartó szekrény

tlačiareň
nyomtató

monitor
képernyő

papier
papír

písací stôl
íróasztal

myš
egér

zakladač
mappa

klávesnica
billentyűzet

kôš na papier
papír-hulladék gyűjtő

počítač
számítógép

stolička
szék

hrnček na kávu

kávéscsésze

kalkulačka

számológép

internet

internet

laptop

laptop

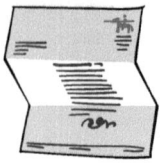

list

levél

správa

üzenet

mobil

mobiltelefon

sieť

hálózat

kopírka

fénymásoló

softvér

szoftver

telefón

telefon

elektrická zásuvka

konnektor

fax

faxgép

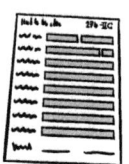

formulár

formanyomtatvány

doklad

dokumentum

kúpiť

venni

platiť

fizetni

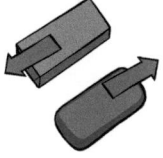

obchodovať

kereskedni

peniaze

pénz

dolár

dollár

euro

euró

jen

jen

rubeľ

rubel

švajčiarsky frank

svájci frank

čínsky jüan

kínai jüan

rupia

rúpia

bankomat

bankautomata

zmenáreň

valutaváltó iroda

zlato

arany

striebro

ezüst

ropa

olaj

energia

energia

cena

ár

zmluva

szerződés

daň

adó

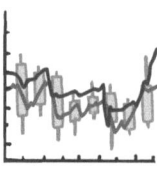

akcia

részvény

pracovať

dolgozni

zamestnanec

munkavállaló

zamestnávateľ

munkaadó

továreň

gyár

obchod

üzlet

povolania
foglalkozások

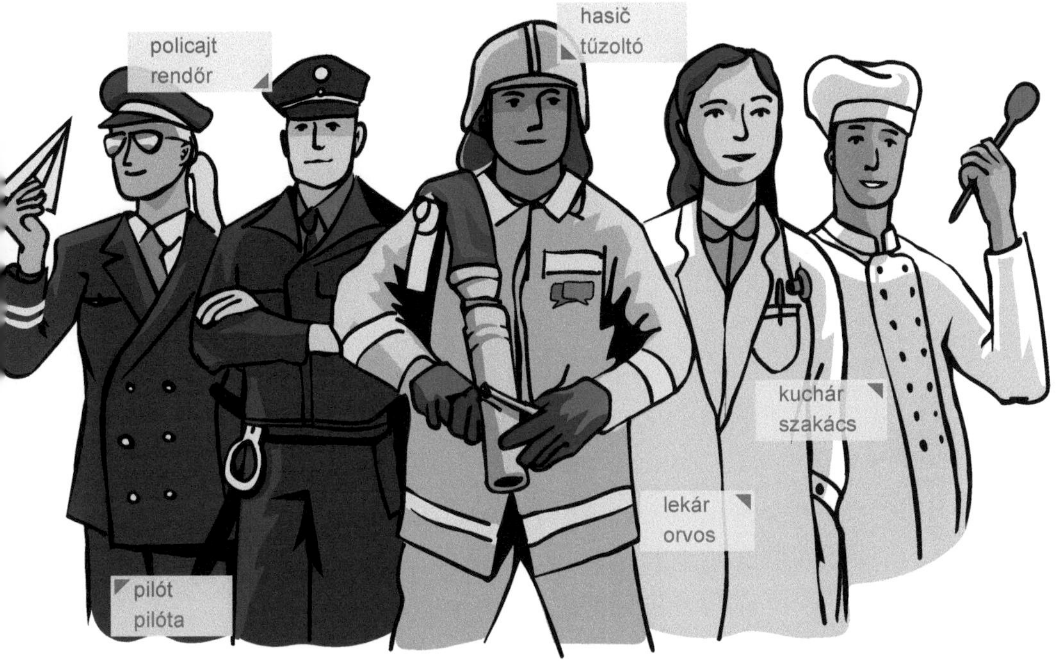
policajt
rendőr
hasič
tűzoltó
kuchár
szakács
lekár
orvos
pilót
pilóta

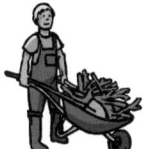

záhradník

kertész

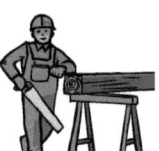

stolár

kárpitos

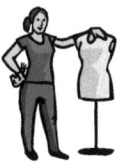

krajčírka

varrónő

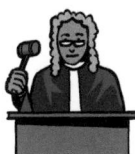

sudca

bíró

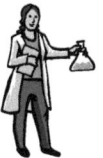

chemik

vegyész

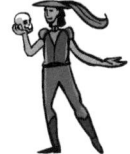

herec

színész

vodič autobusu

buszsofőr

taxikár

taxisofőr

rybár

halász

upratovačka

bejárónő

pokrývač

tetőfedő

čašník

pincér

poľovník

vadász

maliar

festő

pekár

pék

elektrikár

villanyszerelő

stavebný robotník

építőmunkás

inžinier

mérnök

mäsiar

hentes

klampiar

vízvezeték-szerelő

poštár

postás

vojak
katona

architekt
építész

pokladník
eladó

kvetinár
virágos

kaderník
fodrász

sprievodca
kalauz

mechanik
műszerész

kapitán
kapitány

zubár
fogorvos

vedec
tudós

rabín
rabbi

imám
imám

mních
szerzetes

farár
lelkész

náradie
szerszámok

kladivo
kalapács
kliešte
fogó
skrutkovač
csavarhúzó
kľúč na skrutky
csavarkulcs
baterka
elemlámpa

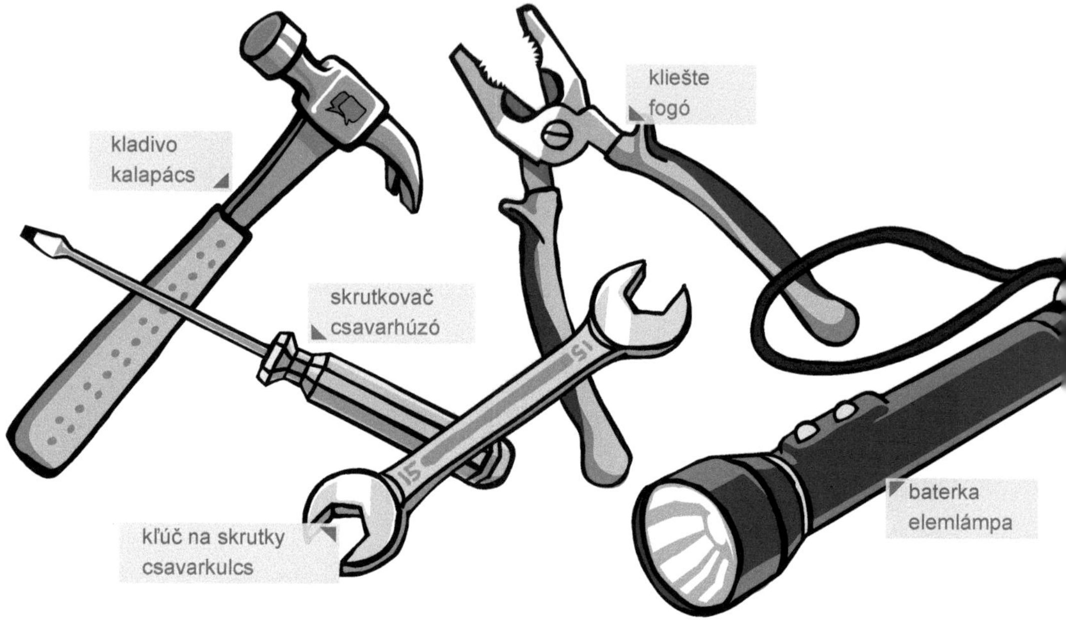

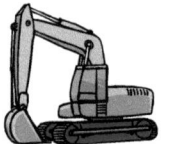

bager

markológép

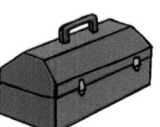

súprava náradia

szerszámosláda

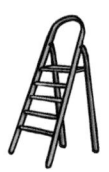

rebrík

vödör

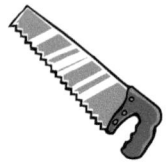

pílka

fűrész

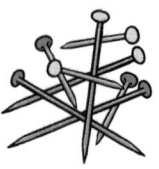

klince

szög

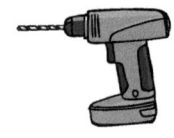

vrták

fúrógép

opraviť

megjavítani

lopata

lapát

Do čerta!

A francba!

lopatka na smeti

szemétlapát

nádoba s farbou

festékesdoboz

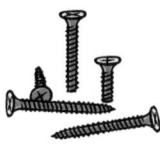

skrutky

csavar

hudobné nástroje
hangszerek

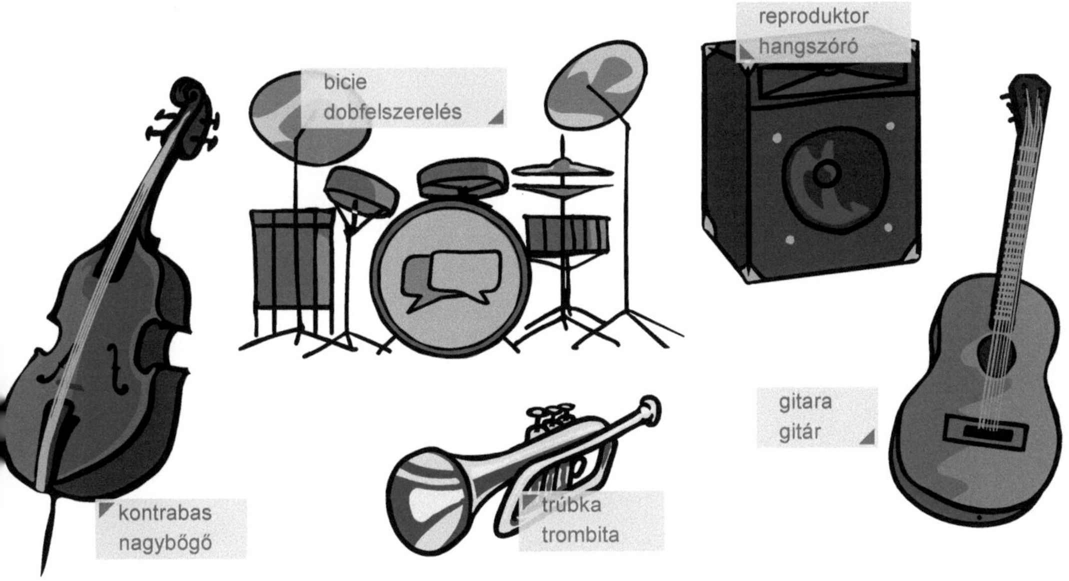

reproduktor
hangszóró

bicie
dobfelszerelés

gitara
gitár

kontrabas
nagybőgő

trúbka
trombita

klavír
....
zongora

husle
....
hegedű

basa
....
basszusgitár

tympany
....
üstdob

bubon
....
dobok

klávesnica
....
digitális zongora

saxofón
....
szaxofon

flauta
....
fuvola

mikrofón
....
mikrofon

ZOO
állatkert

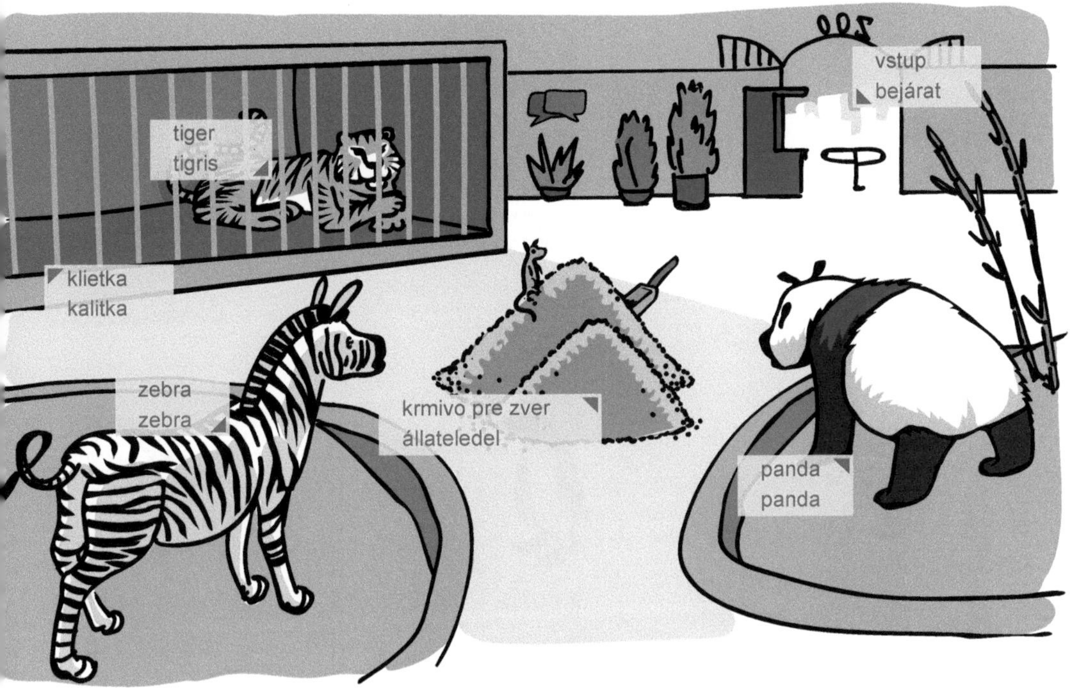
vstup
bejárat
tiger
tigris
klietka
kalitka
zebra
zebra
krmivo pre zver
állateledel
panda
panda

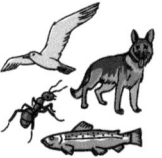

zvieratá
állatok

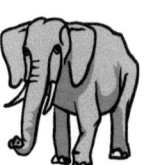

slon
elefánt

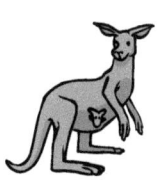

klokan
kenguru

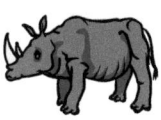

nosorožec
orrszarvú

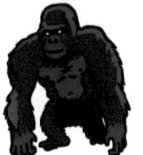

gorila
gorilla

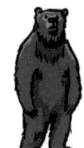

medveď
medve

ťava
teve

pštros
strucc

lev
oroszlán

opica
majom

plameniak
flamingó

papagáj
papagáj

ľadový medveď
jegesmedve

tučniak
pingvin

žralok
cápa

páv
páva

had
kígyó

krokodíl
krokodil

ošetrovateľ v ZOO
állatgondozó

tuleň
fóka

jaguár
jaguár

poník
....
póniló

leopard
....
leopárd

hroch
....
víziló

žirafa
....
zsiráf

orol
....
sas

diviak
....
vaddisznó

ryba
....
hal

korytnačka
....
teknős

mrož
....
rozmár

líška
....
róka

gazela
....
gazella

americký futbal
amerikai futball

cyklistika
kerékpározás

tenis
tenisz

basketbal
kosárlabda

plávanie
úszás

hokej
jégkorong

box
boksz

futbal
futball

bedminton
tollas

ľahká atletika
atlétika

hádzaná
kézilabda

lyžovanie
síelés

pólo
lovaspóló

skočiť
ugrani

objať
ölelni

smiať sa
nevetni

chodiť
sétálni

spievať
énekelni

snívať
álmodni

modliť sa
dicsérni

pobozkať
csókolni

písať
írni

kresliť
rajzolni

ukázať
mutatni

tlačiť
tolni

dať
adni

brať
vinni

mať
birtokolni

robiť
csinálni

byť
lenni

stáť
állni

bežať
futni

ťahať
húzni

hádzať
hajít

padnúť
esni

ležať
hazudni

čakať
várni

nosiť
vinni

sedieť
ülni

obliecť sa
felvenni

spať
aludni

zobudiť sa
felébredni

pozerať

ránézni

plakať

sírni

hladkať

simogat

česať

fésülni

hovoriť

beszélni

rozumieť

megérteni

pýtať sa

kérdezni

počuť

hallgatni

piť

inni

jesť

enni

upratať

takarítani

milovať

szeretni

variť

főzni

jazdiť

vezetni

letieť

szállni

plachtiť

vitorlázni

počítať

számol

čítať

olvasni

učiť sa

tanulni

pracovať

dolgozni

oženiť

házasodni

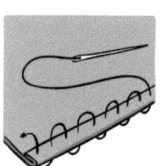

šiť

varrni

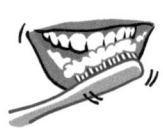

čistiť zuby

fogat mosni

zabiť

ölni

fajčiť

dohányozni

poslať

küldeni

rodina
család

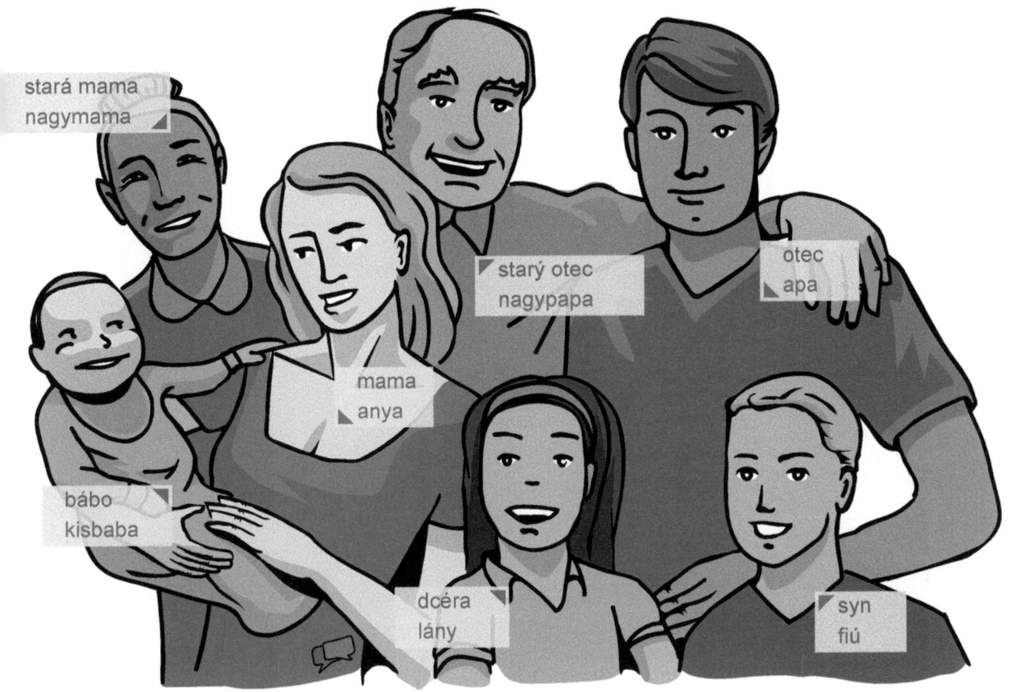

stará mama
nagymama
starý otec
nagypapa
otec
apa
mama
anya
bábo
kisbaba
dcéra
lány
syn
fiú

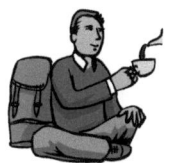

hosť

vendég

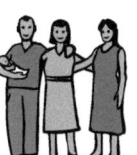

teta

nagynéni

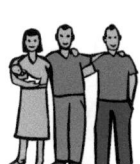

strýko

nagybácsi

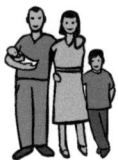

brat

fiútestvér

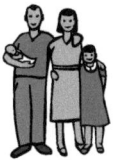

sestra

lánytestvér

telo

test

čelo
homlok
oko
szem
tvár
arc
brada
áll
prst
ujj
ruka
kéz
plece
váll
hruď
mell
rameno
kar
noha
láb

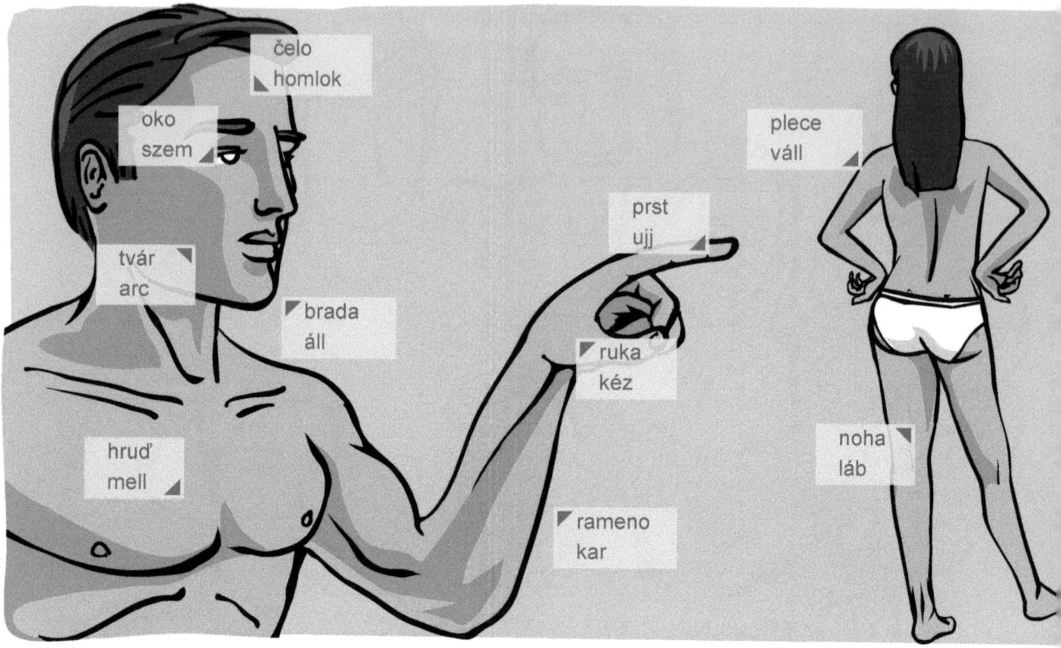

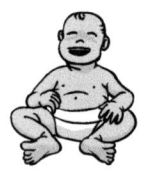

bábo

kisbaba

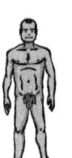

muž

ember

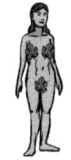

žena

nő

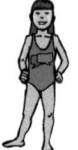

dievča

lány

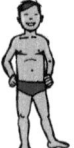

chlapec

fiú

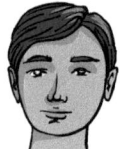

hlava

fej

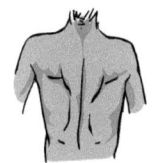

chrbát

hát

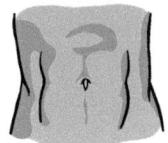

brucho

has

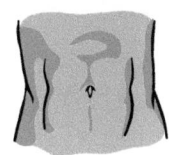

pupok

köldök

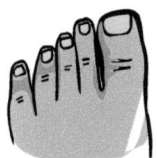

prst na nohe

lábujj

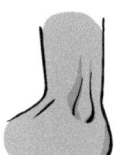

päta

sarok

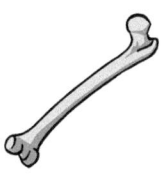

kosť

csont

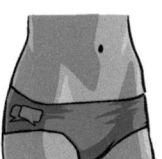

bok

csípő

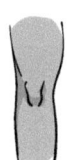

koleno

térd

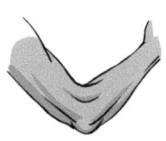

lakeť

könyök

nos

orr

zadok

fenék

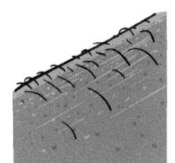

koža

bőr

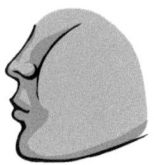

líce

orca

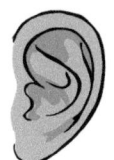

ucho

fül

pery

ajak

ústa

száj

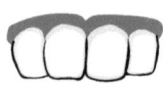

zub

fog

jazyk

nyelv

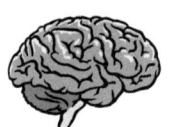

mozog

agy

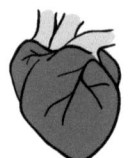

srdce

szív

svaly

izom

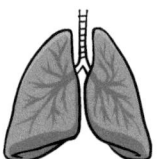

pľúca

tüdő

pečeň

máj

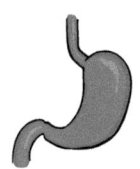

žalúdok

gyomor

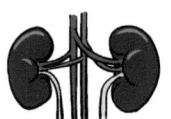

obličky

vese

pohlavný styk

szex

kondóm

kondom

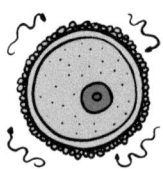

vaječná bunka

petesejt

semeno

sperma

tehotenstvo

terhesség

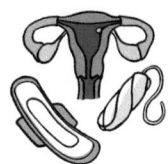

menštruácia

menstruáció

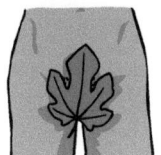

vagína

vagina

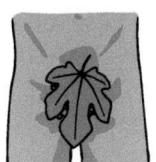

penis

pénisz

obočie

szemöldök

vlasy

haj

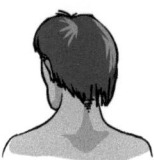

krk

nyak

nemocnica
kórház

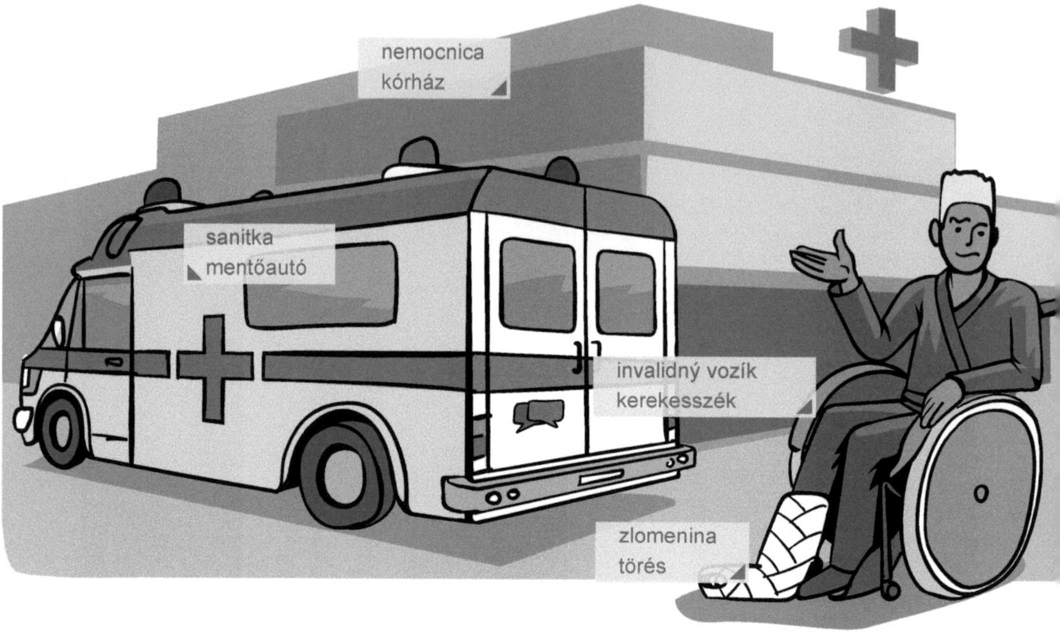

nemocnica
kórház
sanitka
mentőautó
invalidný vozík
kerekesszék
zlomenina
törés

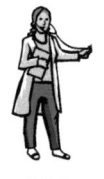

lekár
orvos

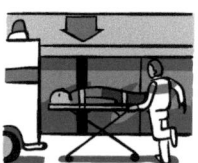

urgentný príjem
sürgősségi osztály

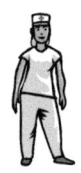

sestrička
ápoló

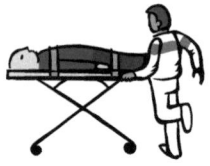

urgentný prípad
vészhelyzet

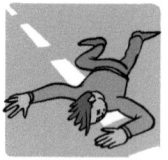

v bezvedomí
eszméletlen

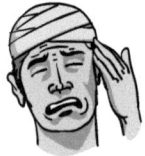

bolesť
fájdalom

zranenie

sérülés

krvácanie

vérzés

srdcový infarkt

szívroham

mozgová porážka

szélütés

alergia

allergia

kašeľ

köhögés

teplota

láz

chrípka

influenza

hnačka

hasmenés

bolesť hlavy

fejfájás

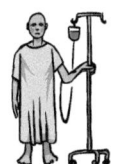

rakovina

rák

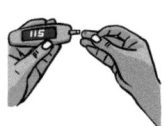

cukrovka

cukorbetegség

chirurg

sebész

skalpel

szike

operácia

műtét

CT

CT

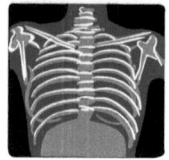

RTG

röntgen

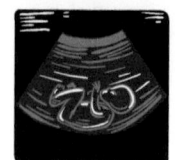

ultrazvuk

ultrahang

maska

arcmaszk

choroba

betegség

čakáreň

váróterem

barla

mankó

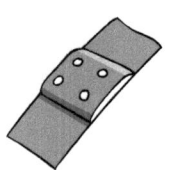

náplasť

sebtapasz

obväz

kötszer

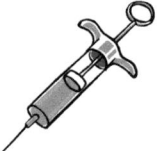

injekcia

injekció

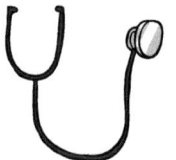

fonendoskop

sztetoszkóp

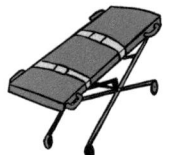

nosidlá

hordágy

teplomer

klinikai hőmérő

pôrod

születés

nadváha

túlsúly

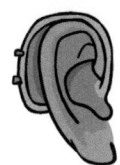

audiofón

hallókészülék

dezinfekčný prostriedok

fertőtlenítőszer

infekcia

fertőzés

vírus

vírus

HIV / AIDS

HIV/AIDS

medicína

orvosság

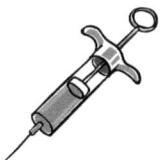

očkovanie

oltás

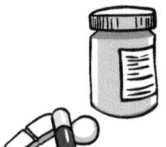

tabletky

tabletták

antikoncepčná pilulka

tabletta

tiesňové volanie

sürgősségi hívás

tlakomer

vérnyomásmérő

chorý / zdravý

betegség / egészség

Pomoc!

Segítség!

alarm

riasztás

prepad

rajtaütés

útok

támadás

nebezpečenstvo

veszély

núdzový východ

vészkijárat

Horí!

tűz!

hasičský prístroj

tűzoltókészülék

nehoda

baleset

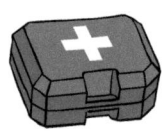

kufrík prvej pomoci

elsősegélycsomag

SOS

SOS

polícia

rendőrség

Európa

Európa

Severná Amerika

Észak-Amerika

Južná Amerika

Dél-Amerika

Afrika

Afrika

Ázia

Ázsia

Austrália

Ausztrália

Atlantický oceán

Atlanti-óceán

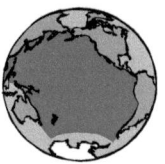

Tichý oceán

Csendes-óceán

Indický oceán

Indiai-óceán

Južný oceán

Déli-óceán

Severný ľadový oceán

Jeges-tenger

Severný pól

Északi-sark

Južný pól
Déli-sark

Antarktída
Antarktisz

Zem
föld

krajina
szárazföld

more
tenger

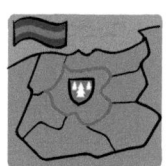

ostrov
sziget

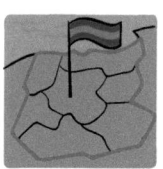

národ
nemzet

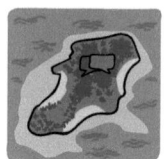

štát
állam

ciferník

számlap

hodinová ručička

kismutató

minútová ručička

nagymutató

sekundová ručička

másodpercmutató

Koľko je hodín?

Mennyi az idő?

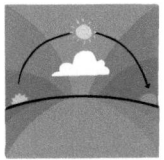

deň

nap

čas

idő

teraz

most

digitálne hodiny

digitális óra

minúta

perc

hodina

óra

týždeň
hét

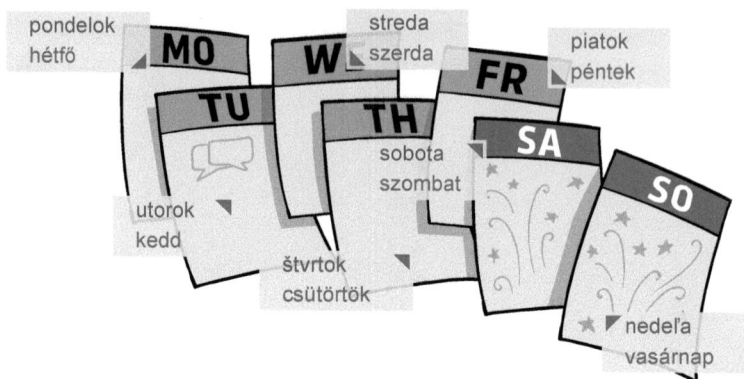

pondelok
hétfő

streda
szerda

piatok
péntek

utorok
kedd

sobota
szombat

štvrtok
csütörtök

nedeľa
vasárnap

včera

tegnap

dnes

ma

zajtra

holnap

ráno

reggel

poludnie

dél

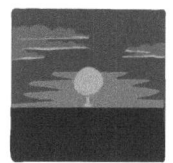

večer

este

MO	TU	WE	TH	FR	SA	SU
1	2	3	4	5	6	7
8	9	10	11	12	13	14
15	16	17	18	19	20	21
22	23	24	25	26	27	28
29	30	31	1	2	3	4

pracovné dni

hétköznap

MO	TU	WE	TH	FR	SA	SU
1	2	3	4	5	6	7
8	9	10	11	12	13	14
15	16	17	18	19	20	21
22	23	24	25	26	27	28
29	30	31	1	2	3	4

víkend

hétvége

80

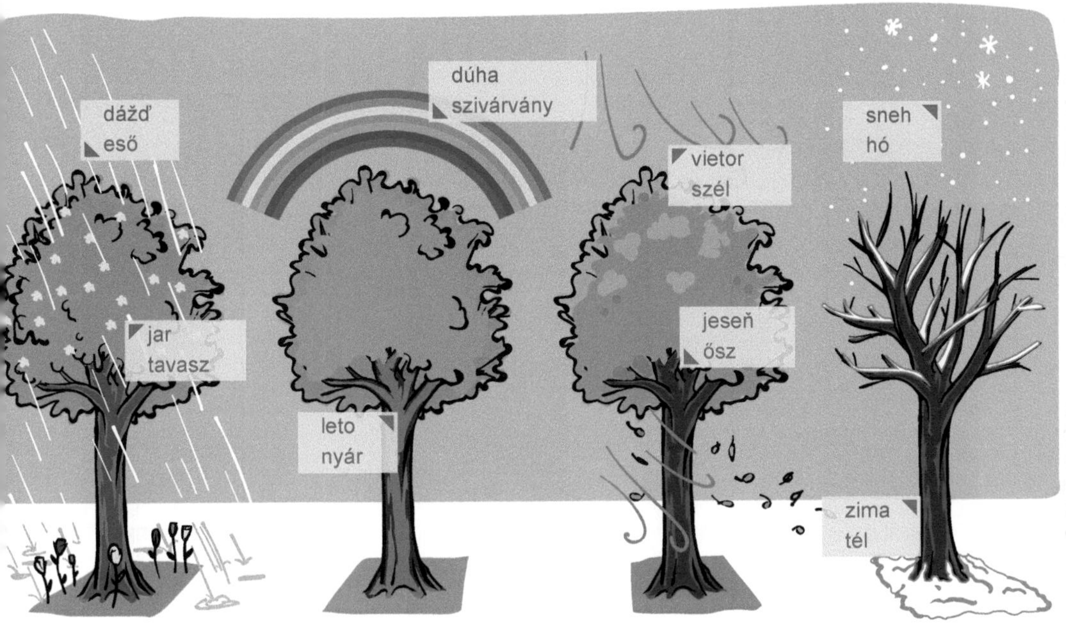

dážď
eső
dúha
szivárvány
vietor
szél
sneh
hó
jar
tavasz
jeseň
ősz
leto
nyár
zima
tél

4.APRIL 11°
5.APRIL 4°
6.APRIL 13°
7.APRIL 8°
8.APRIL 10°

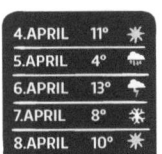

predpoveď počasia

időjárás előrejelzés

F
C
120
90
60
30
0
-30
40
30
20
10
0
-10
-20

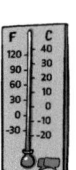

teplomer

hőmérő

slnečný svit

napsütés

oblak

felhő

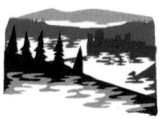

hmla

köd

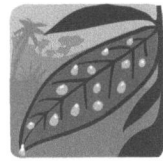

vlhkosť vzduchu

páratartalom

blesk

villámlás

hrom

mennydörgés

búrka

vihar

krúpy

jégeső

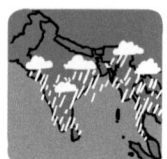

monzún

monszun

záplava

áradás

ľad

jég

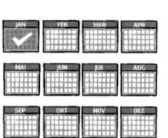

január

január

február

február

marec

március

apríl

április

máj

május

jún

június

júl

július

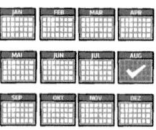

august

augusztus

september
....
szeptember

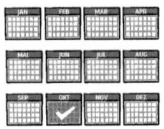

október
....
október

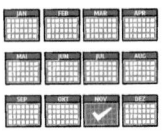

november
....
november

december
....
december

tvary
alakzatok

kruh
....
kör

štvorec
....
négyzet

obdĺžnik
....
téglalap

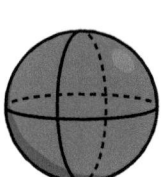

trojuholník
....
háromszög

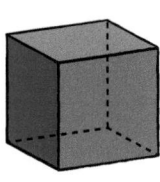

guľa
....
gömb

kocka
....
kocka

színek

biela

fehér

žltá

sárga

oranžová

narancs

ružová

rózsaszín

červená

piros

fialová

lila

modrá

kék

zelená

zöld

hnedá

barna

šedá

szürke

čierna

fekete

veľa / málo

sok / kevés

zúrivý / pokojný

mérges / nyugodt

pekný / škaredý

szép / csúnya

začiatok / koniec

kezdet / vég

veľký / malý

nagy / kicsi

svetlý / tmavý

világos / sötét

brat / sestra

fivér / nővér

čistý / špinavý

tiszta / koszos

úplný / neúplný

teljes / nem teljes

deň / noc

nappal / éjszaka

mŕtvy / živý

halott / élő

široký / úzky

széles / keskeny

chutný / nechutný

ehető / nem ehető

zlostný / láskavý

gonosz / kedves

vzrušený / unudený

izgatott / unott

tlstý / chudý

kövér / vékony

prvý / posledný

első / utolsó

priateľ / nepriateľ

barát / ellenség

plný / prázdny

teli / üres

tvrdý / mäkký

kemény / puha

ťažký / ľahký

nehéz / könnyű

hlad / smäd

éhség / szomjúság

chorý / zdravý

betegség / egészség

nelegálny / legálny

illegális / legális

inteligentný / hlúpy

intelligens / buta

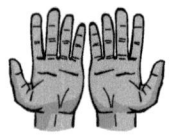

vľavo / vpravo

bal / jobb

blízko / ďaleko

közel / távol

nový / použitý

új / használt

nič / niečo

semmi / valami

starý / mladý

idős / fiatal

zapnuté / vypnuté

be / ki

otvorené / zatvorené

nyitva / zárva

tichý / hlasný

csendes / hangos

bohatý / chudobný

gazdag / szegény

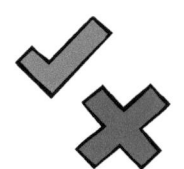

správne / nesprávne

helyes / helytelen

drsný / hladký

érdes / sima

smutný / šťastný

szomorú / vidám

krátky / dlhý

rövid / hosszú

pomaly / rýchlo

lassú / gyors

mokrý / suchý

nedves / száraz

teplý / studený

meleg / hideg

vojna / mier

háború / béke

0	**1**	**2**
nula	jeden	dva
nulla	egy	kettő

3	**4**	**5**
tri	štyri	päť
három	négy	öt

6	**7**	**8**
šesť	sedem	osem
hat	hét	nyolc

9	**10**	**11**
deväť	desať	jedenásť
kilenc	tíz	tizenegy

12

dvanásť

tizenkettő

13

trinásť

tizenhárom

14

štrnásť

tizennégy

15

pätnásť

tizenöt

16

šestnásť

tizenhat

17

sedemnásť

tizenhét

18

osemnásť

tizennyolc

19

devätnásť

tizenkilenc

20

dvadsať

húsz

100

sto

száz

1.000

tisíc

ezer

1.000.000

milión

millió

angličtina

angol

americká angličtina

amerikai angol

mandarínska čínština

mandarin kínai

hindčina

hindi

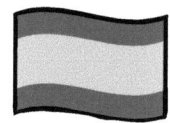

španielčina

spanyol

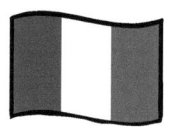

francúzština

francia

arabčina

arab

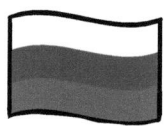

ruština

orosz

portugalčina

portugál

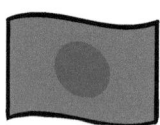

bengálčina

bengáli

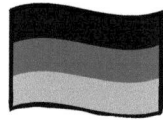

nemčina

német

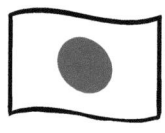

japončina

japán

ja
én

ty
te

on/ona/ono
ő

my
mi

vy
ti

oni
ők

kto?
ki?

čo?
mi?

ako?
hogyan?

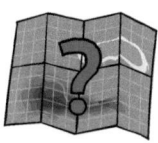

kde?
hol?

kedy?
mikor?

meno
név

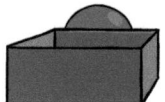

za

mögött

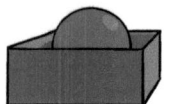

v

benne

pred

előtte

nad

felette

na

rajta

pod

alatta

vedľa

mellett

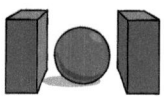

medzi

között

miesto

hely